だいわ文庫

# 世界でたったひとりの自分を大切にする

鈴木秀子

大和書房

プ ロ ロ ー グ

# 幸せになるための「心の土台」を整える

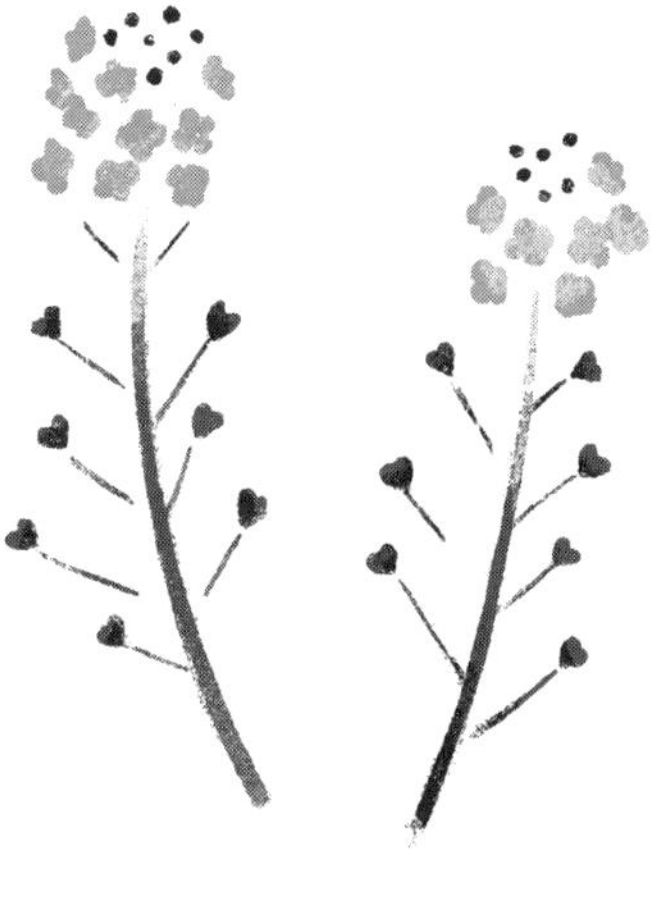

人は誰しも「自分にないもの」を求めたがるものです。

あの人はいいものを身につけている。
スタイルもいい。
みんなから愛されている。
いい結婚をしたあの人がうらやましい。
子供がいない人は自由で楽しそう。
自分の仕事で輝いている人がまぶしく見える。
自分ももっと○○だったら、もっと幸せになれるのに……。
あの人みたいになれたら、人生が楽しいだろうに……。

自分と他人とを比べて、「うらやましい」「自分は損をしている」と思い込んでしまうのです。

でも、このような思い込みは、すべて自分の心が作り出した妄想です。事実ではない妄想に振り回されているだけです。

振り回されているうちは、どんなにがんばっても心が満ち足りることはありません。幸せを感じることもできません。

では、どうすればこの思い込みをやめられるのでしょう。それは、

「他人をうらやむのは当たり前」

「自分は今、そういう気持ちに振り回されてしまっている」

と自分に言い聞かせてあげることです。

## 人生を支える「二つの心」

私といっしょに暮らしている、魅力ある高齢のシスターの話です。

彼女は聡明で成績もよく、学校の先生になりたいと思っていました。

でも、出征した父親が戦死し、中学を卒業すると働きに出ることになりました。貧しい家を支えるため、師範学校に行くことをあきらめなければならなかったのです。

彼女が働きに出る前の晩、祖母は彼女にこう言って聞かせました。

「人さまの持っているものを見て、うらやましがったり欲しがったりしてはいけないよ」

すると、聞いていた祖父がぽつりとつぶやきました。

「こんな若い子にうらやましがるな、だなんて酷だ。そういう気持ちにならないわけがない。うらやましがって当たり前だよ」

二人は少し間を置いて、もう一度同じことを繰り返します。祖母は「うらやましがってはいけない」、祖父は「うらやましがって当たり前」と。

彼女は二人のこの言葉が、人生を生きる上でたいへん役に立ったと言います。

「おばあさんの言葉だけだったら、私は自分を『うらやましがるべきではない』と厳しく律し、つらい思いをしながら生活することになったでしょう。

おじいさんの言葉だけだったら、自分を甘やかし気ままな人間になっていたでしょう。

自分の中に、相反する二つの声がいつも聞こえていたからこそ、私は何が本当に必要かを考え、物事の中庸を取ることができたのです」

人と比べて心がかき乱れたときは、みなさんもこの「二つの心」を思い出しましょう。

人は人、自分は自分。それでいい。そう思う気持ちがきっと芽生えます。

## 「心の土台」を整えるということ

あの人に負けないようにがんばらなければいけない。

たくさん努力して一番を目ざさなければいけない。

こういう気持ちが起こるのは、決して悪いことではありません。

人間ならば、むしろあって当たり前。他人を意識し、うらやましがるということは、生きるエネルギーに満ちあふれている証拠でもあります。

ただし、他人との比較に価値を置き過ぎると、一生、そうやって生きることになってしまいます。

○○が欲しい。

○○がないから不安。

○○でなければダメ……。

これにとらわれてしまうと、一生そこをグルグル回り、心をすり減らすことになりかねません。

比べること、評価することの中で自分を見ていると、自信はどんどん失われるばかりです。

そこで大事なのが、「幸せになるための心の土台」を整えるということ。

## 自分の幸せの「モノサシ」で考えてみる

昔の修道会には、「教えるシスター」と「労働するシスター」がいました。

先にお話ししたシスターは、成績優秀であったにもかかわらず、進学できなかったために「労働する人」になりました。

「教える人」と「労働する人」では、仕事内容に違いはあれ、身分差はありません。でも、こういうとき人はつい「教えるほうが上だ」「大学に行けなかったせいで身分が下になった」などと思ってしまいます。

シスターも、そんな気持ちに揺れ動くことがあったかもしれません。

でも、彼女は祖父母の言葉に耳を傾けることで、世間一般ではなく、自分自身の幸せのモノサシを手にすることができました。祖父母からの教えが、彼女に「幸せになる心の土台」を与えてくれたのです。

## 人間が幸せになるための「三つの絆」

「心の土台」を作る方法を、もう少し具体的に考えてみましょう。

心の中で「三つの絆」を育てるのです。

一つ目は「自分との絆」。

二つ目は「他人との絆」。

そして三つ目は「自分を超える大きな力との絆」。

この三つがしっかりと育まれれば、幸せの土台はおのずと築かれます。

たとえどんな苦難が訪れても、幸せを見失うことはないでしょう。

一つ目の「自分との絆」とは、ほかならぬ自分自身との絆です。

人は他人の目は気にするものの、自分のことはいい加減にしがちです。他人の評価でウロウロし、自分を責めてイライラする。これでは、いくらがんばっても自分との絆は育まれません。

長い人生の中には、つらいこと、苦しいことがたくさんあります。それを乗り越えるには、地に足をつけて「自分は自分でいい」と言って聞かせることで、自分との絆を強めることが大事です。

二つ目の「他人との絆」とは、一人ひとりの個性を認めるということです。

この世界は異なる個性の人々で成り立っています。それぞれが異なる個性を持っているからこそ、私たちはつながり合い、補い合い、生きることができます。

考え方がまるで正反対の人も、自分を生かす大切な存在である。

それを心に刻むことが、他人との絆を作るということです。

三つ目の「自分を超える大きな力との絆」とは、人間の中にある、大いなる存在を感じることです。

私たちは単に「生きている」のではなく、神様から分け与えられた聖なるもの＝愛や尊厳によって「生かされて」います。

たとえ神様を信じられなくても、大自然の山々や樹々、季節を彩る草花によって、私たちは命の尊さ美しさ、生きることの素晴らしさを実感することができます。

身近にある何気ない自然の営みに感謝し、賛美すること。これが「自分を超える大きな力との絆」を育んでくれるのです。

幸せになるための努力とは、毎日少しずつ、この三つの絆を築くよう訓練していくことなのです。

世界で
たったひとりの自分を
大切にする

目　次

# 世界でたったひとりの自分を大切にする　目次

## プロローグ



## Chapter 1

Chapter 2

## 他人との絆を育てる

Chapter 3

# 「自分を超える大きな力」との絆を育てる

Chapter 1

# 自分との絆を育てる

毎日が奇跡

# 「生かされている」と考える

自分との絆を作る第一歩は、「自分の命は自分ではつくれない」と気づくことです。

人は「自分の命は自分のもの」「自分で自分の命を生きている」と思っています。でも、命は与えられたものであり、人は与えられた命によって生かされています。私たちは「生きている」のではなく「生かされている」のです。

象徴的なエピソードをご紹介しましょう。

かつて刃物を持った男が小学校に侵入し、児童や教員を次々と殺傷するという痛ましい事件がありました。この事件で娘を奪われたあるお母さんがいます。お母さんは事件を聞いて学校に駆けつけましたが、娘さんは男に刺されて出血し、救急車で病院に運ばれたあとでした。急いでお父さんとともに病院に駆けつけると、医師らは深々と頭を垂《た》れて言いました。

「力が及ばず申し訳ありません。お嬢さまは出血多量で息を引き取りました」

これを聞いた二人は「自分たちの血を全部あげます。だからなんとか娘を生き返らせて下さい」と医師たちにすがります。

しかし、医師たちはだまってうなだれたままです。

このときお母さんははたと気づきます。

こんなに立派なお医者さまでさえ、娘を蘇《よみがえ》らせることはできない。自分たちの血をすべてあげようという親の思いも、娘を生き返らせることはできない。たくさんの人がどんなに真剣に祈っても、娘に命を与えることはかなわない。

命というものは、人間の手ではどうしようもできない。人間を超えた大きな何かから、一人ひとりに与えられている。人間はそれによって生かされている。

この動かしようのない事実を、お母さんは娘の死から理解したのです。

私たちは、何事もなく生き続けられると当たり前のように思っています。でも、この娘さんのように、現実にはいつ命がなくなるともわかりません。

今この瞬間を生きているということは、幸運にも与えられた命によって、奇跡的に生かされているということなのです。

与えられた命について、聖書ではこう書かれています。

「神は愛そのもの。愛は必ずわかち合いたいもの。神は自分にあふれている愛をともにわかち合う相手として人間を作られた。そして今も一人ひとりに命を与え、わかち合っている。一人ひとりを良しとみたもう」

「一人ひとりを良しとみたもう」、つまり「命を与えられたすべての人間が尊い存在である」と言っているのです。

私たちは、奇跡的に命を与えられた尊い存在である。だから自分を大切にしなければならない。これが自分自身と向き合う基本的な心構えなのです。

命を与えられた
すべての人間が尊い存在。
まずは自分自身を大切にしよう。

神様の目線

# 「自分を下げる言葉」を言わない

何もできない私なんてダメ。

愛されない自分なんてダメ。

人はこういう言葉を平気で口にします。

でも、人間はみな「神が良しとみたもう」尊い存在なのです。それなのに自分を下げる言葉を言うのは、とてつもなく傲慢《ごうまん》なことではないでしょうか。

せっかく生かしてもらっているのに、自分の存在をないがしろにする。それは、「自分は神様より上」「自分は神様だ」と言っているようなものです。

こんな傲慢な心では、幸せになれるはずもありません。

いったいなぜ、人は自分を下げるようなことを口にしてしまうのでしょう。

それは、人が「目に見える世界」ばかりに気をとられているからです。

人間の中には二つの世界、

目に見える世界＝ドゥーイング（doing）

目に見えない世界＝ビーイング（being）

があります。

ドゥーイングとは行為、つまり条件で動く世界を言います。

仕事やお金、モノなど目に見えるもので人の価値を決める。これらはすべてドゥーイングの世界です。

一方、ビーイングは思いやりや感謝、無条件に自分を大切に思える心の世界です。

ビーイングを感じられると、人は満たされ、幸せを実感することができます。でも目に見えないため、なかなか理解することができません。

事業に成功し、一代で財を成したある社長さんの話です。

彼は末期がんを患って入院すると、お見舞いに訪れる人が義理で来ているのか、心から心配して来ているのかがわかるようになったと言います。

見舞いに来る人の多くは義理で来る人ばかり。会社を与え、大邸宅を与えたわが子でさえ、思いやりではなく義理でやって来る。

そのことがわかるようになったとたん、彼は、すべてを虚しいと感じるようになります。

自分はこれまで財産やモノ、目に見えるドゥーイングの世界でのみ生きてきてしまった。

人生を一〇とすれば、そのうちの九割をドゥーイングに使い果たしてしまった。でも、病気によって九割のドゥーイングが消えると、残された一割の見えない世界、心でつながる世界がどれほど大切なものかを痛感した。生きる最大の軸となるのは、心の世界（ビーイング）だと、彼は死に際に悟ったのです。

若いうちは、どうしてもドゥーイングを求めがちです。社会で生きるためには、目に見える世界を優先するのもいたしかたないかもしれません。でも、自分との絆を深めるには、ドゥーイングだけでなくビーイングを大切にすることを忘れてはなりません。

どうしても自分を下げる気持ちが出てくるときは「ああ、自分は今そういう思いにとらわれている」と受けとめて、振り回されないようにする。ドゥーイングからビーイングへ、心を切り替えることが大事なのです。

「私なんて……」と思うのは、
人間の価値観。
神様から見れば、
生きている人全員が素晴らしい存在。

心を育てる

# 「夢中」で心を切り替える

「自分なんてダメだ」と深く落ち込んでいると、心を切り替えるのがむずかしいことがあります。

「自分は自分。これでいい」となかなか思えないこともあります。

そんなときは、思いきり体を動かすのがいちばんです。

まず深呼吸をします。

そしておもてに出て勢いよく歩く。

縄跳びをする。

体操やダンスをする。

あるいは、疲れ果てるくらい無心になって部屋の片付けや掃除をしてみる。

悩むのに使うエネルギーを、夢中で手足を動かすことで、発散させてしまうのです。

体を動かすことでエネルギーが発散されると、気持ちも落ち着き、冷静に物事を考えられるようになります。

考え続けずに済む自分なりの対処法を、何かしら準備しておくといいでしょう。

心を切り替えるには、いったん冷静になって、感情にもみくちゃにされた心を整えてあげる必要があります。

これをしなければ、いくら切り替えようとしてもうまくいきません。

たとえば、「絶対に晴天がいい」と思っていたところに、土砂降りの雨が降ってきたとしましょう。きっと、憂うつな気持ちになりますよね。

そんな気持ちのまま土砂降りの中を歩けば、憂うつな気持ちがますます強まるでしょう。

不機嫌になったり悲しい気持ちになったり、心の状態はもっと悪くなります。

心を整えずに行動するのは、

〈憂うつな気持ちのまま土砂降りの中に突っ込んでいく〉


それと同じことなのです。

土砂降りの雨はイヤだな。青空がよかったな。

でも、雨は雨で悪くない。雨空には雨空のよさがきっとあるはず。

こう切り替えてから行動に出れば、心はおのずと前向きになります。

自分との絆を育てるとは、心を切り替える訓練を重ねながら、自分で自分の心を育てるということなのです。

心を切り替えたいときは、
体を動かす。
自分の心の整え方は、
練習で上手になる。

見方を変える

# 「弱い自分」の魅力に気づく

人から悪口を言われた。理由もなく責められた。
こんなとき、人は当然落ち込みます。
相手を責めたくもなります。
気にしなければいいのに、なかなかそれができない。
できない自分に腹も立つ。
こんな悪循環に悩むこともあるでしょう。
こういうときは、「気にしてしまう自分」をほめましょう。

いちいち気にしてしまう自分なんて嫌い。

心の弱い自分なんて嫌い。


多くの人は気にしてしまうことを欠点と考えがちです。

でも、クヨクヨしたり気にしたりするというのは、繊細で、細やかなことに気づきやすいということ。

これは、欠点どころかむしろ魅力でもあります。

「私は人一倍繊細さがある。そんな私ってステキかもしれない」

このように、欠点に気づいたときは、責めるのではなくほめるのです。


どうしてもイライラが頭から離れないときは、相手の顔を思い浮かべながら、「バカバカバカ……」と言いながら歩いてみてもいいでしょう。

無理に忘れようとするより、こうやって吐き出してしまったほうが、気持ちを切り替えやすくなります。

たとえ面と向かって言わなくても、口に出してみれば、自分の気持ちもはっきりします。

人間はどうしても良くなかったことを気にしがちです。他人や自分の悪い面ばかり気づいてしまいます。

でも、起きてくることが悪いことばかりのはずがありません。

目が見える、手が動かせる、足で歩ける。当たり前と思うことの中に、幸せなこと、感謝すべきことがたくさんあります。

当たり前だけど感謝すべきことは何か。

夜寝る前に、心の中で考えてみることを習慣にしましょう。

どんな欠点も、
見方を変えれば良い点になる。
欠点を見つけられた自分を、
ほめてあげよう。

運のいい人

# 人のせいにしない

運がいい・悪いという言い方があります。

努力してもうまくいかないのは運が悪いせい。あの人がうまくいったのはたまたま運がよかったから……。物事の結果をすべて運のせいにする考え方です。

でも、このような考え方は自分をないがしろにするのと同じことです。

運というものは、たまたま与えられるのではなく、自分で作っていくものです。物事のいい面を見る。いいものを探して拾い上げていく。

運がよくなるよう、1ミリずつ自分を育てていける人が「運のいい人」です。

ですから、悪いところばかり見ている人はおのずと運が悪くなります。

自分で実際に実験してみるとわかります。周囲の人を見てもわかります。

運の悪い人というのは、物事をつねに悪いほうに考えがちです。

物事のいい面を見るようにする人は、他人とのあたたかいつながりを体験できます。それによって、安心感や満足感を得ることができます。

こういう人は与えられた命を美しく輝かせる人です。

かたや悪い面を見る人は、物事の原因をすべて「人のせい」と考えます。

お金がないのは○○のせい、結婚できないのは○○のせい……。

こう考える人の心の中は、怒りや恨みつらみでいっぱいです。このような状態では、命を輝かすことはとてもできません。「人のせい」にすることは、大切な命をおとしめ、自分との絆をみずから断ち切ってしまうことなのです。

自分との絆を育てるには、起こることのよい面を見るようにする。

毎日少しずつ、自分を大切にする生き方を身につける。こうして自分の命を輝かせることが、運をよくする生き方です。

物事のいい面を拾い上げる。
自分の運がよくなるよう、
1ミリずつ自分を育てる。

日々の幸せ

# 「当たり前」に感動する

人は死に際に「当たり前のこと」をしたがります。取るに足らない、普通のことがしたいと望みます。

たとえば死期を迎えた人に、

「何かしたいことはありますか？」

と尋ねると、たいていの人はこんなふうに答えます。


ケンカしているあの人と仲直りをしたい。

うちに帰りたい。家族のもとに戻りたい。

自分の口で食べたい。

自分で歩いてお手洗いに行きたい。

ふだん、健康に生きている人が当たり前のようにしていることばかりですね。

でも、これらはどれも、赤ちゃんではできない、尊厳を知る大人にしかできないこと。

人は死を前にすると、「人としての尊厳を保ちたい」と何よりも願うことがわかります。

死期を迎えた人の言葉を聞くと、当たり前のこと、取るに足らない普通のことが、ものすごく重要なことだと気づかされます。

大勢の人が足早に雑踏を歩いている。

そんな当たり前の姿にさえ感動します。

みんな生きている！

みんな動いて歩いている！

死にゆく人を見たあとでは、当たり前がもはや当たり前ではなく、大きな感動になるのです。

歩く、見える、話す、食べる、用を足す。

私たちはこれらを当たり前だと思っています。

家族のいる家に帰るのも、当たり前のことだと気にもとめません。

でも、これらは当たり前などではなく、感謝すべきこと。感動に値する有り難いことだと、平素から気づく必要があります。

当たり前のことを当たり前にしてしまわない心がけを、今このときから、日々積み重ねていく。

「当たり前」に感謝する訓練が大事です。

死ぬときにしたいことは、
当たり前な日常のこと。
今、毎日できていることに、
感謝する練習をしよう。

自分を認める

# なぜ人は「悪いものをまず見る」のか？

なぜ人は悪いことばかり考えてしまうのか？　不思議に思いますよね。

じつはこれには理由があります。

原始社会において、人は洞窟《どうくつ》に住みながら、いつ猛獣に襲われるともわからない、危険と隣り合わせの中で生きていました。

そんな環境を生き延びるには、危険を敏感に感じ取る感覚を養う必要があります。命を守るため、危険に対する感度を高めておかなければなりません。

その結果、人はいいものより悪いもののほうに焦点をあてる習性を、おのずと身につけるようになりました。

この習性が、現代社会になった今も受け継がれているのです。

このことは、私たちの生活のちょっとしたところにも見られます。

たとえば、パンに小さなカビを見つけたら、もう食べられないと捨ててしまいますね。ちょっとしたカビひとつでも、敏感に見つけ出して排除しようとするのは、ＤＮＡに刻み込まれた、命を守る感度の高さゆえです。

だから、悪いものに目がいってしまうのも、悪いことばかり考えてしまうのも、ある意味自然なこと。決していけないことではありません。

ただ、ＤＮＡに刻まれた本能のまま、悪いところばかり見ていては、人間関係はうまくいきません。自分との絆も育ちません。

現代社会では、危険を敏感に感じ取る力より、むしろいいところに焦点を合わせる力が求められます。

危険が感じられた場合や災害時は別ですが、ふだんの生活では「悪いものをまず見る」はもはや不要なのです。

日本人は一般的に、他人に対して「へりくだる」ことをよしとします。「私なんて」と自分を下げながら、相手から「そんなことありません」と持ち上げてもらってバランスをとる。それが日本の伝統的な文化です。

でも、国際社会になった今、こういう文化はもう通用しません。

自分を下げて相手から高めてもらうようなやり方はやめにして、自分で自分のよさを認めるよう変えていくべきです。

自分との絆を育てるために、悪いものを見る習性とも、自分を下げる文化とも、お別れしたほうがいいのです。

誰もが自分を下げる必要はない。
自分のいいところは、
まず自分が認める。

ほめて伸ばす

# 自分のいいところを育てて、自分と仲良くする

自分との絆を育てるとは、自分で自分を育てるということです。

自分を育てるには、友情も大いに助けになりますが、基本的には他人の手を借りず、自分自身の力で育てることを目ざします。

このとき大事なのは、悪いところを直そうとするのではなく、いいところを認めて伸ばすこと。

自分を育てるというと、

「あそこがダメ」

「ここを直さなくちゃ」

とストイックに考えてしまいます。

でもアラ探しをすると、自分がまっぷたつに分裂してしまい、「自分とケンカをする」ことになります。


自分とケンカしてしまっては、自分を育てることはできません。

自分育てに必要なのは、自分とケンカするのではなく、自分と仲良しになることです。

そのためには、いいところを伸ばすことに注力したほうがいいのです。


ただ、いいところはなかなか見つけにくいこともあります。

そういう場合は、いいところをとことん探します。ひとつでも見出だす努力をしてみます。

たとえば、ダイエットしているのになかなか体重が減らない。食べちゃいけないと思ってもますます食べたくなってしまう。

こんなときは、一週間待って、「がんばってダイエットを続けられた自分」を認めます。

体重が100グラムでも減ったら、ウエストが1センチでも細くなったら、「やればできる」と認めてあげます。

いいところだけに焦点を当てれば、心が前向きになります。やる気も出ます。「食べちゃダメ」と自分をいじめるより、よほど効果が表れます。

自分と仲良しになれば、物事はおのずといいほうにいくのです。

自分を育てたければ、いいところだけを徹底的に見る。

あれはダメ。これもダメ。「ダメ、ダメ、ダメ」はやめましょう。

自分のいいところは、
自分でほめて伸ばして育てる。
悪いところばかり見て、
自分とケンカするのはやめよう。

自分の守り方

# 自分が疲れていないか確認する

どうしても物事を肯定的に考えられないときは、心が疲れています。心の中に強いストレスを抱えているかもしれません。

ストレスや疲れがあるときは、心を何とかすることより、自分を守ることが優先です。ストレスや疲れの原因を取り除くために、「HALT（ハルト）」をチェックしてみましょう。

HALTとは次の四つの頭文字です。

「H」＝ハングリー（hungry 飢餓《きが》）　食事を十分に摂《と》れているか

「A」＝アングリー（angry 怒り）　怒りをためたり、押し殺していないか

「L」＝ロンリー（lonely 淋しさ）　淋しさや孤独を抱えていないか
「T」＝タイヤード（tired 疲れ）　睡眠や休養を十分にとれているか

「H」は食生活の見直しです。

食生活がいい加減だと、体だけでなく心も飢餓になります。心の疲れをとるには、きちんとバランスのよい食事を摂ってエネルギーをつけるのが基本です。


「A」は怒りを解消することです。

何に怒っているのかを明らかにし、

「あんなこと言われたから、怒りたい気持ちになったんだよね？」

と自分自身に語りかけて、自分の気持ちを受けとめます。

そして運動したり、めいっぱい歩いたりして、怒りを体から発散させます。

「バカヤロー！」「このヤロー！」

と心の中で叫んで、勢いよく地面を蹴って歩く。それだけでもだいぶ怒りは吹き飛んでいくはずです。

感情を切り替えるには、体を動かすか、考え方を変えるかの二つがあります。けれども、怒りのような沸き立つ感情は、考えで切り替えることができません。だから、体をガンガン動かすことで変えていくのがいいのです。

「L」はストレスへの対処です。

ストレスを感じると、人は淋しさや孤独を感じます。淋しさも孤独も自分が作り出す思い込みにすぎませんが、ストレスがあるとどうしても感じてしまいます。

こういうときは、信頼できる友人に電話をかけて、「何も言わなくていいから、私の話を『ウンウン』って聞いてね」とお願いします。

誰かに話を聞いてもらうことで、自分の心を整理するのです。

年をとると、自分の気持ちや感情がつかみにくくなり、表現できなくなっていきます。人と話し合う機会が減ると、気持ちの整理ができず、孤独に陥りやすくなります。

ですから、若いうちから単なる雑談ではなく、自分の気持ちをきちんと話し合える友だちを作っておくことが重要です。

「T」は仕事が過重でないかどうかを確認します。

仕事をし過ぎると、そのことで頭がいっぱいになり、判断力が奪われます。くたくたに疲れていても、「こうすべき」という観念に縛られて、ひたすら突っ走ることしかできなくなります。

休みもとっていない、ろくに寝てもいないと思ったら、とにかく休む。

命を守るためには、疲れを侮ってはいけません。

ネガティブにしか考えられないのは、
疲れているからかもしれない。
「HALT」で暮らしを見直して、
自分を大切にしよう。

Chapter 2

# 他人との絆を育てる

役割は様々

# 一人ひとりに「自分のための役割」がある

人間に与えられた命には、それぞれ固有の役割があります。

桜が桜として、スミレがスミレとして咲くように、すべての命は与えられたタネにふさわしい生き方をするようにできています。

種類が同じでも、タネの個性はみな違います。だめな個性のタネなどひとつとしてありません。

それぞれのタネが、個性を輝かせるようせいいっぱい生きれば、宇宙全体が輝きます。それぞれの役割を果たしてこそ、世界のバランスが保たれます。

私たちが生きる世界は、違いがあることによって成り立っているのです。

でも、人は固有の役割が与えられていることを忘れがちです。違いに対して苛立ちやもどかしさを感じることもあります。

ネズミを蔑《さげす》んで、ライオンになりたがる。

ライオンを嫌って、パンダがよいと考える。

与えられた役割を捨てたがったり、自分と違う役割を疎《うと》んじたり。あるいは他人の役割をうらやんで、世の中は不公平だと嘆くのです。

たしかに、固有の役割が与えられるということは、不平等かもしれません。目に見える世界だけを考えれば、平等などひとつもないかもしれません。

しかし、命を輝かせるよう生きる力は、みな平等に与えられています。役割をまっとうするよう努力すれば、必ず命が輝くような生き方ができます。

他人の役割をうらやむより、自分に与えられた役割は何かを考える。

違いがあることを、不平等ではなく個性と考える。

多様な役割と個性に支えられて、私たちは生きることができるのです。


考えてみて下さい。食べ物はなぜ手に入るのでしょう？　お金を払うから……ではありませんよね。野菜ひとつとっても、タネをまいて収穫し、収穫したものが運ばれて、運ばれたものを誰かが売る。この長いプロセスを経て初めて、私たちは食べ物を手に入れられます。


たくさんの役割によって生かされているありがたみを、実感できますね。

だから、人と違うことを気にする必要はありません。自分と違う人を恐れることもありません。

ライオンにはライオンの、ネズミにはネズミにしかできない重要な役割がある。これを踏まえることから、他人との絆は作られていくのです。

桜は桜らしく、
スミレはスミレらしく、
咲く世界が美しい。
あなたにはあなただけの
咲き方がある。

朗らかな人

# 機嫌よく生きる

他人との絆を作るには、「他人に対して何ができるか」を考えてみることも大切です。他人からの恩恵を、何らかのかたちで返すよう行動することも必要です。といっても、特別なことをする必要はありません。

時間やお金を使う以上に、すばらしいお返しをする方法があります。

それは、毎日をできるだけ明るく、機嫌よく生きることです。

「なんだ、そんなことか」と思うかもしれません。

でも、フランスでは「ごきげんよう（機嫌よく）」は最高の言葉と言われます。「機嫌のよい人が最高の人」という意味でも使われます。

「ごきげんよう」はたんなる挨拶の言葉ではなく、よりよく生きるすべを示す哲学の言葉でもあるのです。

たとえば、機嫌のよい人がそばにいると、それだけで気持ちよく感じます。

逆の場合を考えると、もっとよくわかります。

家族で笑いながら食事をしていると、お父さんが不機嫌な顔で帰って来る。かばんをドスンと置いて、ものも言わずに食卓に座る。

すると、朗らかな笑いは瞬時に消え去り、誰もが不機嫌な顔になっていく。

不機嫌がぱあっと伝染して、幸せを不幸せに変えてしまう。たった一人の機嫌ひとつが、どれほどその場を左右するかよくわかりますよね。

機嫌よくいるというのは、何も怒ってはいけないということではありません。

正しいものの筋を曲げてまで、機嫌よくすればいいわけでもありません。

自分の軸はブレさせない。けれど、和やかに、誰もが楽しいと思えるいい時間を作る心がけが大切なのです。

時間もお金もなくても、
人のためにできること。
機嫌よくいることが、
相手への何よりの贈り物。

小さな親切

# 名前を呼ぶ、挨拶をする

誰かに会ったら、こちらから進んで挨拶をする。

これも、他人のためにできる大切な行為です。

こちらが挨拶をしても、向こうは返事を返してくれないかもしれません。そっけない反応をされるかもしれません。

それでも毎日、にっこり笑って挨拶をするのです。

すると、「挨拶ができた自分がうれしい」という感性が育ちます。相手がどう反応するかより、挨拶できたことに歓びを感じられるようになります。

このとき、

「おはよう、○○さん」

「○○さん、こんにちは」

など、相手の名前を呼んで挨拶すればなおいいでしょう。

名前というのは、その人にとってかけがえのない大事なものです。

たとえば、外国に行ったとき、その人を証明するのは名前の書かれたパスポートです。

パスポートを失くすと、何よりもまず名前（そして生年月日）を聞かれます。名前がその人の身を保証することになります。

見知らぬ土地では、名前が命の次に大事なものとなるのです。

それほど大事な名前を呼ばれれば、人はみな敏感に反応します。

心を込めて名前を呼ばれれば、とても幸せな気持ちになります。

心を込めて名前を呼び、挨拶をすることは、他人に対してできる最高の親切なのです。

私は学生と廊下ですれ違うとき、すれ違いざまに「○○さん」と名前だけを呼んで声をかけます。

立ち止まらず、そのまま去っていくと、相手は驚いて振り返ります。

「なぜ名を呼ばれたのか」と不思議に思います。

でも、何年か経つと、学生は「名前を呼んでもらえて本当にうれしかったです」と言います。

月日が経っても覚えているくらい、名前を呼ばれることは、心に残るものなのです。

名前を呼んで挨拶をするという小さな親切を、日々心がけましょう。

挨拶をする。
相手の名前を呼ぶ。
最高の親切は、
そんな簡単なことでいい。

賢者の行い

# 物事のいいところを探す

人間には当然好き嫌いがあります。

完ぺきではありませんから、すべてを好きになれるというわけにはいきません。

「どうも好きになれないな」と思うことのほうが多いかもしれません。

でも、「あれはイヤだ」「これは嫌い」などと思うままに任せていると、イヤな感情が充満して気分が悪くなります。

機嫌よくいられなくなります。

機嫌よくいられなくなると、人に害を与えます。

他人の気持ちを害すれば、人は当然離れます。

絆を失くす恐れもあります。

自分にとっては大きな損になります。

だから「イヤだな」と思ったときは、どんなことでもいい、いいところを探すようにしたほうがいいのです。

ただ、場合によっては、どうしてもいいところが見つからないこともあります。

イヤなところばかりに見える人もいます。

そんなときは、どういうものの見方をすればいいのか。

ヒントを与えてくれる、とある山奥に住む賢者の話をしましょう。

賢者は何があっても悪いことを言いません。

豪雨だろうと旱魃《かんばつ》だろうと、「素晴らしい」「すごい」と物事のいい面ばかりを口にします。

そんな賢者を見て、人々は意地悪な考えを思いつきます。

「あの賢者はいいことしか言わない。でも人間はいいことばかり言っていられるわけがない。賢者だってイヤなことがあるはず。どう見ても悪いところしかないものを見せつけて、『これはイヤだ』と言わせてやろう」

村人は相談をして、道端に腐った犬の死骸《しがい》を置きます。耐えがたい異臭を放つ、見るも無惨な死骸です。

村人は賢者を誘い出し、わざとそこを通るようしむけます。

そして「あそこに犬が死んでいます。醜いですね。ひどい臭いですね」とさんざん悪口を言います。

すると、賢者は立ち止まり、犬の死骸を見つめてこう言います。

「歯がキラキラと光って、なんと美しいのでしょう。宝石のように輝いているではありませんか」

見ればたしかに、犬の歯は燦々《さんさん》と降り注ぐ太陽の光を受けて、真珠のように輝いています。

腐って耐えがたい異臭をふりまいていても、そこだけを見ればたいへん美しく感じられます。

賢者をぎゃふんと言わせてやろうと考えていた村人は、これを聞いて改心し、「物事はそんなふうに見ることもできるのか」と学びます。

どんなに悪く思えるものにも必ずいいところがある。

わざとらしくほめ称《たた》えなくても、見方を変えればいくらでもいいところは見出だせる。

賢者の行いを、私たちも大いに見習いたいものです。

どんな状況でも、
いいところを見つけられる人は、
本当に賢い人。

# 「人の役に立てた歓び」を力にする

人に親切にするのは、とても大事なことです。

でも、よかれと思うことを次から次へとやると疲れてしまい、かえってストレスになります。

そこで、何かをする前に少し想像を巡らして、「相手の望んでいることはなんだろう」とまず考えます。

それが何かわかったら、そこに添って言葉をかけたり行動したりしてみます。

手当たりしだいに「自分がよかれ」と思うことをするのではなく、「相手がしてほしい」ことに絞ってするのです。

たとえば、誰かと話すときは、相手が関心を持っていることを話題にしてみます。

それについて、さりげなく聞いてみてもいいでしょう。

ちょっとした悩みを話し始めたら、

「そうなのね」

「そんなことがあったのね」

と相手の言葉をていねいに聞いて受けとめます。

「相手のためになるアドバイスをしなければ」

「気のきいたことを言わなければ」

などと考える必要はありません。肯定も否定もせず、相手の身になって、ひたすら耳を傾けることが大事です。

あるいは、相手が気づいていなさそうな、何気ない点をほめてみるのもいいでしょう。

「姿勢がいいですね」

「歩き方がきれいですね」

「あなたが笑うと場が明るくなりますね」

なども人をうれしくさせます。

他人が気づくはずもない、当たり前のようにやっていたことをほめられると、人は歓びが湧き上がり、エネルギーを高めます。


あるいは、相手が言ってくれたこと、してくれたことに対して、

「ありがとう、とてもうれしいです」

「やる気が出ました！」

とこちらの気持ちを素直に伝えることも、相手のエネルギーを高めます。

人は「自分が相手の役に立った」と感じるとき、大きな満足感を得ます。歓びを感じて生きる力を高めます。

他人に親切にするとは、歓びのエネルギーを与える行為のことなのです。

相手のエネルギーが高まれば、与えた自分もエネルギーを得ます。

心に歓びが湧き起こります。

お互いの心にエネルギーを与え合う。それが本当の親切です。

誰かの役に立てると、
自分に生きる力が湧く。
人に親切にすると、
心に歓びが湧く。

敬聴

# 「見えない本心」に耳をすませる

他人の話を聞くときは、言葉に耳を傾けながら、言葉の裏側にある真意を汲み取ることも重要です。

人は必ずしも本当の気持ちを口に出すとは限りません。

真意をストレートに話さず、要求だけをかたくなに言い続けることもあります。

オブラートに包んだような言い回しで、真意をわかってもらおうとすることもあります。

言葉に表れない相手の心中を推し量るのは、たいへんむずかしいことです。

しかし他人との絆を築くには、これをできるようになっておかなければなりません。

生涯忘れられない、私の苦い経験をお話ししましょう。

今から五〇年以上も前、学園紛争で日本中が荒れていた頃のことです。

ある女子学生が私の研究室にやって来て言いました。

「私はフランスに留学したいと思っています。できればどこかの修道院に滞在したいのです。宿舎として泊まれる修道院を探してもらえないでしょうか」

これを聞いた私は「なんとぜいたくな」と感じました。

当時大学は紛争に追われていました。

学生に危害が及ばないようにと、みな日々対応に苦慮していました。

そんな状況の中でフランスに留学したいと願い出る学生が、私の目にはとても身勝手に映ったのです。

「フランス人シスターに聞いてみますから、あと三、四日、週末の金曜日まで待って下さい」

私は彼女にそう言いました。できるだけこの子を早く家に帰さなくてはと、多少の焦《あせ》りもあったかもしれません。

ところが彼女は「木曜日に返事をもらえませんか」と聞いてきます。

なぜ金曜日まで待てないのだろう。

自分の都合を押し付けるなんてわがままだ。そう思いながら、私は「頼むにも調べるにも時間がかかる。だから木曜日は無理。金曜日まで待って下さい」と重ねて言い渡しました。

学生は「そうですか」と言って立ち上がりましたが、研究室のドアのところに行くと、ふたたび「どうしても木曜日はだめですか」と食い下がります。

「金曜日と言ったら金曜日です！」

私は強い口調でピシャリと返しました。

彼女は地方からやって来た学生です。貧しい人々が多かった当時、それはたいへん恵まれたことでした。

東京の大学を出してもらった挙げ句、さらにフランスに行きたい、しかも一日も待てないだなんて、わがままきわまりない……。

私は多少いらいらしながら、帰っていく彼女の後ろ姿を見送りました。

しかしこの後、愕然《がくぜん》とさせられる出来事が起こります。

その学生は別の学生とともに自殺してしまったのです。

私は衝撃のあまり言葉を失いました。

あの学生は金曜に死のうと決めていた。木曜に私から返事をもらえれば、決断を翻《ひるがえ》して自殺せずに済んだかもしれない。

私の頑固な姿勢が彼女を死に至らしめてしまった……。

私は自分のとった行動を、深く、深く悔やみました。

こういうこともあって、私はアメリカの大学で、本格的に聞き方の勉強を始めました。

聞き方の訓練を受けることによって、言葉に対する感度を高め、他人の内面を察する力を身につけなければいけない。

もう二度と同じ過ちは繰り返すまいと、自分自身に強く誓ったのです。

以後、私は学生と話すときは、その言葉に注意深く耳を傾けるようになりました。

「レポートを出し忘れました」

「遅れたものを出しにきました」

などと言いながらきたら、本当にそれだけなのか、レポートを口実に何か訴えたいことがあるのではないか？

その見分けもつくようになりました。

真剣に聞かなければならないと判断したら、

「時間もあるから、そこに座って。それでどうしたの？」

そう聞いてみます。

すると、たいていの学生は、悩みや困り事を滔々《とうとう》と語り出します。

「悩んでいるの？」「話してごらん」などと聞かなくても、

「どうしました？」

と言うだけでどんどん話しだしたら、それは「悩みを聴いてほしい」という深刻なサインでもあるのです。

こういう場合は、まず、相手の言葉を心の中でオウム返しのように繰り返します。

いい悪いも言いません。

ほめたりアドバイスしたりもしません。

ただ相手と一体になって、自分の聴く姿勢を整えます。

聴く準備が整ってきたら、相手の気持ちになって

「ああ、そうなんですね」

と言いながら相手の言葉を繰り返してみます。

「今日は雨ですね。ここに来るのがおっくうでした」

「ああ、おっくうだったんですね」

聴いて、受けとめて、繰り返す。

たったそれだけで、相手はエネルギーを得て、みずからの力で問題解決できるようになっていきます。

全身全霊で聴く。それはかけがえのない命をつなぐこともあるのです。

「自分には何もできない」
そう思う人は、
全身全霊で相手の話を聴こう。
聴くことで人に寄り添える。

本当の友

# いっしょにいるだけで安心できる友を作る

他人《ひと》との絆といえば、友情を思い浮かべます。

友だちは、人生に欠かせない親兄弟以上の存在になることもあります。

でも、本当の友だちがいるかと聞かれたら、どうでしょうか。

他愛ないことをしゃべったり、楽しく遊んだりする人はたくさんいる。けれど、本当の友だちかと聞かれたら、果たしてどうなのだろう。

考え込んでしまう人も少なくないのではないでしょうか。

本当の友とはどういう存在か。

それを具体的に教えてくれるエピソードがあります。

とある企業の海外支社長を務めた男性の話です。

彼は50歳のとき、大学時代からの親友を病気で失います。しかし多忙を極めていたため帰国できず、お葬式にも出られませんでした。彼は親友が死んだことを認められないまま、ようやく三回忌で親友の死を悼みます。

法要の席で挨拶に立った彼は、親友との関係についてこう語りました。

「私はかけがえのない友を失いました。今日この場で追悼するに至って、彼がもうこの世にいないことを、私は改めて実感しました。

彼は私にとって、最高の友でした。

それは、いっしょに食事をしたり飲みに行ったりしたとき、何の言葉を交わさなくても、ただ並んでいるだけで安心して過ごせる人だったからです。

仕事では、相手とどういう会話をしようかなどと腐心します。どうやって相手をもてなすか、気をつかって努力をします。

でも、彼といるときだけは、そんな気づかいは不要でした。だまって酒を飲んでいるだけで心が満たされました。本当の友とはそういう存在をいうのだと、私は彼を亡くして初めて知りました」

次に何を言おうか、自分をどうやってよく見せようか。そんなことを気にせず、ありのままの自分を出せる。相手もありのままを出してくれる。たとえ意見が違っても、本音を話し合い、互いにそれを受け入れて認め合うことができる人。それが本当の友だと彼は言うのです。

このような友がひとりでもいれば、私たちは他人との深い絆を感じられます。心が満たされ、幸せな人生を送ることができます。

かけがえのない本当の友を、みなさんもぜひ作って下さい。

そのためにまず自分が、誰かの友になって下さい。

お互いに
ありのままでいられる関係。
本当の友がひとりいれば幸せ。

対立したとき

# 「時間」と「心」をあげる

どれほど親密な相手でも、必ず対立するときがあります。
意見が食い違ってがっかりすることもあります。
物言いにカチンときてケンカしてしまうこともあります。
ときには相手の過ちを、本気でたしなめなくてはいけないこともあるかもしれません。
こういうときは、たとえどんなに仲良しでも、後ろめたい気持ちになります。
イヤな感情も湧き起こります。
こんな話をするのは気が引ける。相手もおそらく気を悪くするだろう。
よくない態度を示されるかもしれない。

それでも言わないわけにはいかない……。

そんな気持ちを味わうのは、誰しもイヤなものだと思います。


でも、このような感情はとても自然です。否定的にとらえず、「人間として当たり前」と前向きに認めることが大事です。

そして相手がどんな反応を示そうと、「自分はそれに対して、せいいっぱい何ができるだろうか」と考えてみるのです。


相手の求めていることを、必ずしもしてあげられるとは限りません。

こちらの思いを、相手は期待通りに理解してくれないかもしれません。

しかしそれでいいのです。

相手のために心を砕き、相手のために自分の時間を費やす。その行為自体に、大きな意味があるのです。

人によっては金銭を必要としているかもしれません。

目に見えるモノや条件を求めている場合もあるかもしれません。

でも、それがあげられないからといって、何の役にも立てないなどということはありません。


相手の意に反することを言うときは、特に、ていねいな心のこもった言葉を使います。


人々に平等に与えられた「時間」と「心」を相手に差し出す。

これが他人に対する何よりの真心なのです。

相手の思い通りのことを
できなくても、
相手のために心を砕く、
真心をあげることはできる。

疲れない距離

# 悪口やグチを言う人からは離れる

相手によっては、距離をおくことも必要です。

たとえば、相手が不機嫌な態度をとる。

イヤなことばかり言う。

他人の悪口やグチばかりを延々と言い続ける。

こういう相手といると、エネルギーが吸い取られます。エネルギーを消耗させられて、心の中に怒りの塊ができてしまいます。

そうなる前に、

「そろそろ失礼しますね」

などと言って、その場を離れるようにします。

すぐに離れられない場合は、

「あと○分したら、帰ります」

と時間を決めてその場を辞《じ》すようにします。

他人との絆を育てるには、「もうこれ以上は受けとめられない」という自分の限界を知っておくことも大事なのです。


相手によっては、いっしょになって悪口を言うことを要求する人もいます。

悪口に共感してもらえるのを喜ぶ人もいます。

ともに悪口を言うと、相手はその場では喜びます。

でも、時間が経つと決してよくは思いません。相手のためだけでなく自分のためにもなりません。

互いのためにも、こういう時間の使い方は避けなければなりません。

ただ、場合によってはどうしても距離をとれないこともあります。

悪口やグチを聞き続けなければならない相手もいるでしょう。

そういうときは、内心「イヤだなあ。この人苦手だな」と困っている自分、緊張を強いられている自分を「たいへんね」とあたたかく受けとめます。

そして、安易に同意したり反論したりせず、相手の話に適度にうなずきながら、「そんなふうに思っているのか」と客観的に聞くようにします。


悪口やグチを聞かされると、心はとても疲れます。

消耗していないように見えても、エネルギーをたくさん使っています。

だから、こういうことがあった後は、「よくやったね」「お疲れさま」と自分で自分をねぎらいます。

イヤな言葉を聞かされた後は、エネルギーが枯渇《こかつ》しないよう、あたたかい言葉を自分自身に注入しましょう。

悪口やグチは、
聞くだけで消耗する。
イヤな言葉を聞いたら、
自分に「お疲れさま」と
言ってあげよう。

気持ちをつかむ

# 本音を伝える訓練をする

自分の本音や相手と異なる意見を伝えるとき、そのまま伝えてもおそらくうまくいきません。

伝えたい内容より、反論されたことに腹を立てられたり、一生懸命に伝えようとするあまり、感情のほうが先走ってしまったり。

こうなってしまうと、いくら言葉を尽くしても、なかなか気持ちは伝わりません。

そこで、本音をうまく伝える方法をアドバイスしましょう。

「事実」→「自分の気持ち」→「相手に対する自分の希望」

この順番で話をしてみるのです。

たとえば、他人に絶対にしゃべらないだろうと安心して話したことを、相手が話してしまったとします。そのことに傷つき、がっかりしてしまった。

そういう気持ちを伝えるときは、次のように伝えます。

「私はあなたを信頼して安心して話しました。けれどあなたが他人に話してしまったということを聞いて、私はとてもイヤな気持ちになりました。がっかりしてしまいました。私はあなたを信頼しているので、私が大事だと思っていることを、あなたにも大事に思ってもらいたいのです」

この伝え方の一つ目のコツは、何よりもまず「自分の気持ち」をしっかりつかむこと。相手がどうのと責めるのではなく、自分がどう感じたのか、どうしてほしいのかを整理します。

ここでは、

一、イヤな気持ちになった

二、がっかりした

三、自分にとって大事なことを大事にしてほしい

の三つになります。

二つ目のコツは、「あなたがしゃべった」という事実をしっかり言うこと。

ここを遠慮して曖昧《あいまい》にしてしまうと、伝えたいことそのものがあやふやになります。あやふやになれば、相手はあなたの気持ちを受けとめられなくなります。

事実を伝えるということは、相手にとって「イヤなこと」を言わなければならないときもあります。

躊躇《ちゅうちょ》してしまう気持ちもわからなくはありません。

でも、だからといっていい顔ばかりしていても関係は深まりません。

相手との絆を大切にしたいのなら、事実を真剣に伝える覚悟も必要です。

三つ目のコツは、「私」を主語にして話すこと。

「あなたがこんなことをしたせいで」と話してしまうと、相手を責めていることになります。責められているとわかれば、相手は聞く耳を持ちません。

責めたいのではなく理解してほしいことを伝えるには、

「私はこう感じた」

「私はこうしてほしい」

と自分を主語にして話すことが大事なのです。

最初はうまくいかないかもしれません。

しどろもどろになってしまうかもしれません。でも何度か努力を重ねれば必ず話せるようになります。

本音がうまく伝わるようになり、よけいな諍《いさか》いをせずに済むようになります。

本音を伝える訓練を、日々心がけるようにしましょう。

上手な本音の伝え方も、
練習できる。
相手を責めずに、
事実と自分の気持ちを伝える。

事実を伝える

# 上手なほめ方・叱り方

相手をほめるにも、コツがあります。単に「いいね」「すごいね」と言うのではなく、何がよかったのかを具体的に伝えます。

前項で述べた本音の伝え方では、「事実」→「自分の気持ち」→「相手に対する自分の希望」の三段階でしたが、ほめるときは「事実」→「自分の気持ち」の二段階で伝えるといいのです。

あなたが手伝ってくれて助かった。とても気分がいい。

あなたががんばっている姿を見ると、私はとてもうれしくなる。

このようなほめ方は、相手にしてほしいことを促すのにも役立ちます。

たとえば、お子さんがゲームばかりしていて、なかなか宿題をやろうとしないと、つい「ゲームばかりしていないで宿題をしなさい」と言いたくなります。

でも、ここをぐっとこらえて、お子さんが宿題をし始めるのを待ちます。

そしてかばんから教科書を取り出すなど、少しでも始めるそぶりを見せたら、すかさずこのような気持ちを言います。するとお子さんはやる気を出し、しだいに進んで勉強するようになっていきます。

人は感情で叱られるより、「事実」と「気持ち」によって自分を認められるほうがうれしいのです。


場合によっては、叱らなければならないこともあります。ほめるのではなく毅然とものを言わなくてはならないこともあります。

そういうときも、「事実」→「気持ち」で伝えるといいでしょう。

たとえば、こんな例があります。

父親が電話をしているそばで、息子が騒がしくしていました。

怒った父親は「静かにしろ！」と怒鳴ります。でも、息子は静かにするどころかますますうるさくします。

そこで、父親は息子をつかまえて静かに言いました。

「そんなに大声で騒ぐと（事実）、お父さんは相手の言うことが聞こえなくて困る。怒りたくなる（気持ち）」。

すると息子は騒ぐのをピタッと止め、静かにするようになったそうです。

このようなとき、怒りで抑えられることもあるかもしれません。でも怒りによる抑制は長続きしません。相手が気にしなければ通用しないことも。

事実と気持ちを伝えると、「ああ、そうなんだ。そう思っているのか」と納得します。「それなら次からはそうしよう（やめよう）」と思うようになります。

きちんとした伝え方を身につけることは、他人であろうと親子であろうと、絆を深めるために不可欠です。

ほめ方、叱り方にも
上手なやり方がある。
伝え方を変えれば、
相手との関係も良くなる。

心の幸福度

# 人には「いい人でいたい」本能がある

大人であれ子供であれ、

「自分のせいで相手がイヤな思いをするのはイヤ」

「自分のせいで相手が不幸になるのはイヤ」

という気持ちを持っています。

人には生まれつき「いい人でいたい」という本能があるからです。

「いい人でいたい」という本能は、「人が幸せになるために生まれる」という原理原則に根ざしています。


幸せになるというのは、人としていい感情を持つことです。

いい感情を持つとは、機嫌よくいられて、自分もいい人、他人もいい人と思えることです。

自分もいい、他人もいいとなって初めて、人は幸せを感じられるのです。

たまにいい人とは言えない行為をしたり、良くないことを平気でしてしまう人もいますが、それは「幸せになりたい」という本能が強すぎて、かえって逆の表現をしているだけ。

どんな悪人も本来幸せを求め、「いい人でありたい」と望んでいるのです。

では、どうすれば「いい人」でいられるのでしょう。

「いい人」になって幸せになるには、どうすればいいのでしょうか。

そのためには、自分の心の「幸福度」を上げることが必要です。

幸福度とは、ふだんの自分の喜びの度合いです。

特別なことがなくても機嫌よく、毎日を楽しく生きられる気持ちがどのくらいあるかということです。

もともとの幸福度が高いと、イヤなことがあっても、それほど落ち込まずに済みます。

楽しいことやワクワクすることがあれば、グッと喜びの度合いも高まります。

逆に幸福度が低いと、高い人に比べてイヤなことがあったとき深く落ち込みます。楽しいことがあっても、高い人ほど喜びを感じられません。

同じ出来事が起きても、幸福度がどのくらいかによって、人の幸せは変わります。

ですから、幸せになるには、もともとの幸福度をできるだけ上げるよう努力することが大切なのです。

人によっては、幸せになるには大金を得るのが一番だと言うかもしれません。

宝くじが当たって何十億と入れば幸せになれると思っているかもしれません。

でも、アメリカのある追跡調査によれば、宝くじが当たって幸せになったという人は一人もいないといいます。

大金が入ると、少しでもせしめようと多くの人が集まります。

縁のなかった人までもがお金に群がります。

断ればケチだなんだと文句や悪口を言われる。

これでは幸せどころではありません。

いい人になるとは、気前よく大盤振る舞いすることではありません。

損をしてまで他人を優遇することでもありません。

幸福度を上げて、みずからの心を幸せで満たす。

幸せに満たされた心で相手にいいことをする。

これが、他人からいい人と思ってもらえる唯一の方法なのです。

幸せへの近道は、
自分の「幸福度」を上げること。
小さなことから歓びを見つけて、
いい感情を持てる人になる。

心の架け橋

# 「繰り返し」でつながりを作る

他人との絆は、相手の言葉を理解できなくても築くことができます。理解できるにこしたことはありませんが、何を言っているのかよくわからなくても、「つながり」を作ることは可能です。

フランス語で「リエゾン（Liaison）」と言いますが、他人とやりとりするときは、何よりもまず心と心をつなぐ橋渡し、リエゾンが必要なのです。

リエゾンを作るのは、それほどむずかしいことではありません。

相手の言葉に耳を傾け、その言葉を繰り返すのです。

言葉を繰り返せば、おのずとリエゾンは作られます。言っている内容がよくわからなくても、心に橋を架けることができます。

かつて中国に行ったときのことです。

私は一人でタクシーに乗りました。中国語がまったくわからなかったので、行き先の書かれた紙を運転手に渡しました。運転手は発車すると、一人でペラペラとしゃべり出しました。

何を言っているのかさっぱりわかりませんでしたが、私はうなずきながら、彼の話す語尾を聞き留めて繰り返しました。

すると運転手は「シェシェ」と言いながら、ふたたび話し出します。

私たちは車中、そんなやりとりを重ねました。

到着後、代金を書いてもらうため、紙を差し出すと、運転手はあっけにとられた顔で振り返りました。

「あなたは中国語がわからなかったのか！　今までの会話はいったいなんだっ

たのだ」

そう言いたげな表情です。

内容はわからなくとも、語尾を繰り返しただけで、私と彼との間ではリエゾンが作られていたのです。

みなさんも、誰かの話を聴くとき、この真似をしてみて下さい。

「心配なんだ」と言われたら、何が心配なのかを問う前に「心配なんですね」と繰り返す。

「急いでこれをやってくれ」と言われたら、なぜ急いでいるのかを訊ねる前に「急いでいるんですね」と言ってみる。

そうすれば、相手との間にリエゾンができ、会話がとてもスムーズに進みます。

繰り返しは、異性の心をつかむのにも役立ちます。

ある女子学生に、

「好きな相手が何かを言い出したらよく聞いて、『うん、こういうことなのね』と、相手の言ったことを簡単にまとめて繰り返してごらんなさい」

そうアドバイスしました。

すると、彼女から数年後、「素敵な男性と結婚します」と知らせが来ました。

「教えられた通りにしたおかげです。大成功です。結婚式ではぜひスピーチをお願いします」と言われたときは、私もたいへんうれしく思ったものです。

このように、言葉の繰り返しは人と人とを自然に結びつけます。

橋渡しができて初めて、互いの理解へと進むことができるのです。

相手の言葉を繰り返す、
「そうなのね」と相槌を打つ。
それだけで相手と自分との
橋渡しになる。

もっとも近い人

# 家族こそ、あたたかいやりとりを心がける

他人の中で、もっとも気をつけなければならないのは家族です。家族こそ、リエゾンを作る努力が必要です。

家族はたいていの人にとって、もっとも気を許せる存在です。しかし楽に話ができるぶん、言いたいことを遠慮なくぶちまけやすいのも家族です。「家族には何を言ってもいい」と考えている人も少なくないかもしれません。

でも、それは大きな誤解です。

ストレスや怒りをぶつけられれば、当然絆は断たれます。家族といえど、リ

エゾンを意識しなければなりません。

具体的な例で考えてみましょう。

あるお母さんが、「子供が学校に行きたがらない」と相談にやって来ました。

どう説得しても行こうとしないと言うのです。

私はお子さんと二人きりにしてもらい、まずこう語りかけました。

「学校に行きたくないんだよね？」

するとその子は言いました。

「うん、だって……」

「だって？」

「お弁当の時間になると、みんながからかうんだ」

「みんながからかうの。それがイヤなのね」

「だって、ぼくのお弁当箱はお姉ちゃんのお古で、赤い花がついているから、女弁当だ女弁当だって、みんなに笑われるんだ」

「じゃあ、お弁当箱を変えればいい？」

「うん、変えてくれればいい」

お母さんに事情を話し、「お子さんの好きなお弁当箱を買ってあげて下さい。できれば毎日いいお弁当を持たせてあげるといいですよ」と伝えると、問題はたちどころに解決してしまったのです。

こういう場合、親は「なぜ行きたくないのか」「誰かにいじめられたのか」「先生に叱られたのか」などと矢継ぎ早に質問してしまいがちです。

しかしその前にひと言「行きたくないのね」と加えてあげると、ずっと本音を言いやすくなります。

お嫁さんとお姑さんなどの場合も同じです。

疲れて帰宅すると、お姑さんが「家事がおざなりだ」と文句を言う。

「忙しいんだからしょうがない」「気づいたお義母さんがやればいいのに」と感じてイライラしてしまう。

こういうときも、

「家が片付いていないですね」

「それが気になるんですね」

などひと言入れてみます。

そのあとで

「今日は私も疲れているので、休日にやります。それまでがまんして下さい」

「ではここは私がやります。お義母さんにはここを手伝ってもらえると助かります」

と言います。

相手の気持ちを受けとめて、「私はこうします」と提案すれば、相手はそれ以上文句を言えなくなるはずです。

困ったときやイヤだなと思うときほど、繰り返しの言葉を使って、リエゾンを築くようにするといいのです。

家族はとても大事な存在です。関係が疎遠《そえん》でも相性が悪くても、家族として選ばれたということは、なみなみならぬ縁があるということです。そのことを理解し、家族との関係をうまく作ることを心がけなければなりません。

来日したマザー・テレサは言いました。

「日本では路上で死んでいくような人はいない。でも笑顔がとても少ない。微笑みは他人にではなく、家族に与えてほしい。家族は人間のコア。人間は家族から始まる。人間の愛も身近から始まる」

家族とリエゾンが作れないうちは、他の人とのリエゾンもうまく作れません。

だから家族の中で作る練習をする。

家族とは他人との絆を作っていく、訓練の場でもあるのです。

マザー・テレサが
教えてくれたように、
いちばん身近な場、
家族から愛を始めよう。

積み上げる愛

# 伴侶は「心」で選ぶ

恋人や結婚相手は、「条件」ではなく「心」で選ばなくてはいけません。学歴や職業ではなく、心がどれほど通じあえるか。Chapter1で述べた「ドゥーイング」(目に見えるモノの世界)ではなく「ビーイング」(目に見えない心の世界)で見分けることが大事です。

では、具体的にどう見分ければいいのでしょうか。

目安となるのが、「生理的に、また心の深いところで相手を人としてどう感じるか」ということです。

「好きだから」とか「家族になる相手だから」といった理屈ではなく、あくまで感覚で判断してみるのです。

生理的に受け入れられるなら、趣味や性格が違っても相性がいいということになります。

相性がよければ、いっしょにいてほっとできます。

ともに充実感を味わうこともできます。

長くいれば当然イヤなところも見えてきますが、相性がよければ、そこも受け入れられるようになっていきます。

ちぐはぐで不釣り合いなことを「木に竹を接《つ》ぐ」と言いますが、伴侶選びもこれと同じで、不自然だと長続きしません。

ともに長くいられる相手を選ぶには、育ちや環境が似ているかどうか、生理的に違和感がないかどうかが大事なのです。

ある教え子から、こんな相談を受けたことがあります。

「私は来週結婚します。でも、相手に対してちっともときめきません。こんな状態で結婚していいのでしょうか」

私は彼女に訊ねてみました。

「その人のイヤなところといいところを比べてみて、いいところは何%ですか？」

すると彼女は、

「いいと思うところは51パーセント、どうかなと思うのは49パーセントです」

と答えます。

「では、彼が病気でどうしようもなくなったら、看るのもイヤになったらどうしますか？」

そう尋ねると、きっぱり言います。

「今のところはそんな心配はありません」

「それなら、結婚したほうがいいのではありませんか？」

彼女は納得し、結婚しましたが、あれから何年か経った今も、その相手と幸せに暮らしています。熱烈な恋愛結婚した人より、よほど長く幸せに続いています。

結婚は100パーセントの情熱ではなく、51パーセントからじょじょに、地道に築き上げられる相手を選ぶといいのです。

結婚では、親の意見を尊重する人も多いでしょう。

でも、親は学歴や財産などドゥーイングに左右されがちです。ビーイングを大事にする親御さんもいるでしょうが、過度に条件を重視する親も少なくはありません。

親しい人に相談するなら、親ではなく叔母や叔父、あるいはお世話になった学校の先生など、少し距離のある人のほうが適切です。

本人のことも相手のことも、客観的に見てくれるからです。

100パーセントの情熱でなくても、
51パーセントの愛情から
愛を積み上げる。
条件よりも、
いっしょにいてほっとできるかが大切。

関係は変わる

## 離婚は「学び合う関係が終わった」ということ

離婚はなるべくなら避けたいですが、最近は珍しいことではありません。

幸せになろうと結婚したのにうまくいかず、「自分は向いていない」「失敗してしまった」と気に病んでいる人もいるかもしれません。

ある女性は、一〇年連れ添った夫と離婚しました。

子供もいたため、何とかうまくやっていこうと、あれこれ考えながら自分なりに努力しました。

しかし、いくらがんばっても相手との距離は遠のくばかり。

時間が解決してくれるかもしれないと期待しましたが、相手に対する違和感は日を追うごとに増していきます。

そしてあるとき、彼女は二人が互いに目も合わせられない、触れ合うこともできない関係になってしまったことに気づきます。

理屈ではなく、もはや生理的に受け入れられない。そのことがわかったとき、彼女は「もう離婚するしかない」と決意したと言います。

彼女のように、いくら頭で考えても、生理的に合わなければいっしょにやっていくのが困難になることもあります。

人間も動物である以上、いい悪いではなく、「どうしても合わない」ということが起こりえます。

どんなに頭で考えても、努力しても、乗り越えられないこともある。それも人間の持つ弱さとして、受け入れなければならないのかもしれません。

でも、だからといって離婚が失敗だと思うことはありません。

離婚が悪いことだと自分を責める必要もありません。

離婚したということは、お互いに学び合い、与え合う関係が終わったということを意味します。人間として必要なものを吸収し終えると、縁はおのずと終わるのだとも言われます。

もちろん、簡単に別れるのがいいとは言いません。

憎しみを抱えたまま別れるのも、決していいことではありません。

話し合って困難を乗り越えられるなら、それにこしたことはありません。

でも、どうしてもやっていけないとわかったときは、ウソをついたりごまかしたりせず、離婚を前向きな気持ちで受けとめることも大切です。

自分や相手を責めたりせず、いっしょになったおかげで学べたこと、得られたことに深く感謝するのです。

心から相手の幸せを願い、感謝できるのがいい離婚なのです。

離婚は悪いことではない。
お互い学び合う関係が終わり、
関係が変わるということ。

心の支え

# 自分なりの「あたたかい関係性」を築く

最近は「おひとりさま」という言葉をよく聞きます。

一度も結婚せず、独身のまま生きる人も少なくありません。

「家族を築くより、ひとりでいたほうがのびのびと幸せを感じられる」と言うのなら、ひとりでいるのも決して悪いことではないでしょう。

ただ、誰ともいっさい交流を持たず、ひとりぼっちで生きるのは無理がありります。人間はみな何らかの関係を求めて生きるものであり、心をわかち合う人が必要だからです。

ですから、たとえ独り身で暮らすにしても、気軽に話ができる相手、進んで連絡をとれる相手を作っておくことが重要です。

親密な関係が苦手なら、ある程度距離を置いて付き合える間柄でもかまいません。

自分を心配してくれる人がいる、幸せを願える相手がいる。

そんなあたたかい関係性があれば、人生は十分満ち足りたものになります。

たとえば、あるひとり暮らしのおばあさんは、他人のお嬢さんを時折家に泊めることがあると言います。血もつながらない、たまにやって来るだけの存在ですが、それでも十分、おばあさんの心の支えになっています。

独身のまま施設で暮らす姉に、私の友人は毎朝電話をかけます。

行き来もほとんどなく、電話で「おはよう。どう？　元気？」と会話するだけの関係ですが、ただそれだけでも、大切な絆となっています。

こういう関係性があれば、必ずしも家族は必要ないかもしれません。家庭を持てば持ったで、さまざまな問題が生じます。家族さえいれば幸せになれるとは限りません。家族があろうとなかろうと、他人との絆を育てるよう努力しなければならないことにかわりはありません。

どの道を選ぼうと、人生に責任を持って歩んでいくことが大事です。

家族関係に限らず、
誰もが支え合い生きている。
自分にとって
あたたかい関係を育てる。

よい聞き手

# 「聞き流し方」を身につける

孤独な人に対しては、聞き手になってあげるのも大事です。

ひとり暮らしなどふだん人付き合いの少ない人は、聞いてもらえることをたいへん喜びます。

ぶっきらぼうで、不平不満ばかり言うこともありますが、内心ではとてもうれしく感じています。

中には相手のことなどおかまいなしに、長々としゃべり続ける人もいます。

一方的に言葉を垂れ流す人もいます。

ひとりきりでいる時間が長いため、しゃべることでたまったものを吐き出そうとするのです。

こういう人を相手にするとエネルギーを消耗します。

自分を疲れさせてしまっては、相手のためにも自分のためにもなりません。

聞いてあげるのは、自分の状態がよいとき、または自分を平静に保てるときに限るべきです。

できるだけ疲れないように聞くコツを、いくつかアドバイスしましょう。

一つ目は、何時までと時間を決めること。

二つ目は、相手が話すままに添い続け、相手が本当に伝えたい気持を把握します。同時に自分の心の中の状態をもつかみ続け、呼吸を整えて、エネルギーを保つこと。

三つ目は、時々相手としぐさ合わせをすること。

同時にカップを持ち上げてお茶を飲む、両手を組む、うなずく、言葉を繰り返すなど。

相手に動作を合わせると、一体感が得られて相手は満足します。

相手が微笑んだらともに微笑み、つらそうな顔をしていたらともにつらそうにして見せるなど、表情を合わせてあげるのもいいでしょう。

しぐさ合わせをすれば、「聞いてもらっている」と思って、話し手は安心します。

話すほうは満足し、聞くほうも疲れない。

一挙両得ですね。

何でもかんでも聞き入れるばかりが親切ではありません。

上手に聞き流す術《すべ》を身につけることも、聞き上手になるには必要なのです。

疲れないように、
聞き流す術を身につけよう。
自分が疲れてしまうのは、
相手のためにもよくない。

おかげさま

# 他人からの恩恵を思い浮かべる

人間は一人きりでは生きられません。

たくさんの人に支えられて生きています。

「そんなの当たり前だ」と思うかもしれません。でも、誰もがふだんはこのことをすっかり忘れています。

してもらうことが当たり前になってしまって、そのおかげで生かされていることに気づかないのです。

でも、気づかないままでは他人との絆は育ちません。

表面的につながっているように見えても、放っておけばやがて断たれてしまうとも限りません。

そうならないためには、他人からの恩恵を一つひとつ、心の中で具体的に思い出してみる訓練が必要です。

おすすめしたいのが、吉本伊信《よしもといしん》というお坊さんが開発した「内観法」です。父母、祖父母、兄弟、姉妹、配偶者など、身近な人に対する自分の行動を、次の三つの観点で考えてみるのです。

一、していただいたこと
二、して返したこと
三、迷惑をかけたこと

この三つを、小学校時代から現在に至るまで順番に、具体的なエピソードで思い出してみます。

すると、自分が、どれほどたくさんのことをしてもらってきたかがよくわかります。

恩を被りながら、ごくわずかしかお返しをしていないことにも気づきます。

迷惑をかけたのに、許してもらってきたことも思い出します。

こういう時間をとれば、自分がどれほどの恩恵を必要としているか。

他人からどれほどの恩恵をいただいているか。

一つひとつ具体的に振り返ることができます。

他人との絆を育てるには、気づかない恩恵を思い出し、肝《きも》に銘《めい》じる必要があるのです。

自分がしてもらったことを
じっくりと思い出してみる。
自分ひとりだけで大きくなった人は、
誰もいない。

Chapter 3

# 「自分を超える大きな力」との絆を育てる

自分を超える力

# 目に見えない世界を「手のひら」で理解する

「自分を超える大きな力」は、Chapter1で述べた「ビーイング」、目に見えない心の世界の重要性を理解することから始まります。

しかし、見えない世界の重要性を理解するのは、容易なことではありません。

そこで理解を促すため、私たちの「手」を例に考えてみましょう。


手を開いて、あらためて眺めてみて下さい。

五本の指と、手のひらに分かれていますね。

五本の指はそれぞれ自在に動きます。曲げたり伸ばしたり、活発に動くことができます。日常生活の中で役立つことがひと目でわかります。

一方、手のひらのほうは、指に比べて活発ではありません。一見何の働きをするのか、あまりよくわからないかもしれません。

でも、よく見て下さい。指は手のひらによって腕につながれています。腕は胴体、つまり生命活動を担う中心部へとつながっています。細い指の骨が、手のひらを経て太い腕の骨に続いていくと考えれば、手のひらは命をつなぐ、重要な働きをしていると気づきます。

このように、五本の指を「見える世界」＝ドゥーイング、手のひらを「見えない世界」＝ビーイングにたとえると、「見えない世界」の重要性がとてもよくわかるのではないでしょうか。

指だけを見れば、あたかもそこだけが自由意思で動いているように見えます。

しかし、腕が断たれたら指は動きません。

「命の大本《おおもと》」である腕に連なることで初めて、指は自由に動くことができます。

そう考えると、指は腕から命をもらって動いていると見ることもできます。


指は指だけで動くことはできない。

命の大本である腕から、聖なる命をもらって動いている。

「人間」と「人間を超える大きな力」とは、この「指」と「腕」の関係といっしょです。

目には見えない「命の大本」とつながることで、見える世界は存在できるのです。


五本の指についても考えてみましょう。

五本の指はそれぞれ違う役割を果たしています。

それぞれが違う役割を果たすからこそ、手はバランスよく動き、さまざまな働きができます。

これがもし一本あればいいと、他の四本を失くしてしまったら、もし五本が優劣を競い合い分裂してしまったら、いったいどうなってしまうでしょうか。

手はものをつかめなくなります。手としての働きを全《まっと》うできなくなります。

私たちの生きる世界も、これと同じです。

比べ合い、競い合い、互いを傷つけ合えば、やがて全体の力が低下し機能しなくなります。

何をすることもできなくなり、惨めになり、不幸になります。自分の命を失うことにさえなりかねません。

だから人は人を殺してはいけないのです。

私たちは見えない世界でつながり合い、それぞれにしかできない役割を果たしながら、互いに補い合って生きていることが理解できますね。

日常生活では、どうしても目に見える世界、ドゥーイングが中心になります。ドゥーイングの世界でどう命を輝かせて生き抜くかが、日常を生きるということになります。

日常を豊かなものにするためにもっとも大切なのは、見えない世界、ビーイングをつねに思うことです。

指は指だけでなく、手全体が腕につながることで生かされている。

このことをしっかりと、肝に銘じましょう。

手のひらを見て、
「見えない世界」を想像する。
それぞれの指が違うように、
私たちにも違う役割がある。

年を重ねて

# 「見える世界」から「見えない世界」への分岐点

若い頃は見えない世界＝ビーイングより、見える世界＝ドゥーイングのほうがどうしても強くなります。

命というのは若いほど活発で、欲望もたくさん感じます。他人より自分を優先しがちにもなります。見えるものばかりに気持ちが傾いてしまい、見えない世界がなおざりにされることも少なくないかもしれません。

いったいなぜなのでしょう。

人はドゥーイングの世界でさまざまな経験を積んで成長し、みずからを完成させていくからです。

成長するには、若いうちほど、ドゥーイングに焦点を合わせることが求められるのです。

でもやがて時が経てば、社会的に生きやすい状況が整います。

ものを見る目や考える力が養われ、それぞれが与えられている能力を発揮できるようになります。

すると、自分の利益や立場だけでなく、他人についても考えられるようになります。

自分だけでなく、全体がよくなることを意識し始めます。

他人とのつながりを築くため、目に見えない心の世界についても考えるようになっていきます。

このように、人はみずからのかたちが整い、うまく機能するよう働き出すと、ドゥーイングからビーイングへ、心の焦点を移します。

両者のバランスをとりながら生きるようになるのです。

年齢でいえば、ちょうど六〇歳あたりが、ドゥーイングからビーイングへ移る分岐点となります。

ここからどんどんビーイングが強くなり、心の世界の重要性、見えない世界とのつながりの大切さがおのずとわかるようになります。六〇歳は、いわば人生の山場といえるでしょう。

以後、年を重ねるにつれ、人はさらにビーイングへの理解を深めます。自分を超える大きな力の存在を身近に感じられるようにもなります。

それは人としてたいへん幸せなことであり、恵まれたことでもあります。

私たちは還暦や古稀《こき》など長寿を祝いますが、それは単に長生きをめでたがるのではなく、ビーイングをより実感できる年齢を迎えた幸せに、感謝を示すためでもあるのです。

世の中には不幸にして、何歳になってもビーイングがわからない人もいます。ドゥーイングの世界で成長を得られず、自分を超える大きな力をまるで知らずに死んでいく人もいます。

人を傷つけ殺《あや》めても、罪の意識もなく反省もない。

目に見えない、他人とつながる世界がまったく認められない。

人として、これほど不幸なことはありません。

年を重ねるにつれ、
見えない世界へ心を開こう。
自分の利益だけでなく、
他人のために生きる
ステージに立とう。

雑草の可憐さ

# 自然の美しさを賛美し、感謝する

自分を超える大きな力は、目で見ることのできるものもあります。

たとえば、そのひとつが「自然」です。

みな神様は信じなくとも、初日の出を拝みますね。

山登りなどすると、信心深くなくても、頂上から見える光景の素晴らしさに我を忘れ、思わず手を合わせたくなることもありますね。

人間なんてちっぽけな存在だと思うと、悩みがなくなり、心が清々《せいせい》することもあります。

これらも、自分を超える大きな力を実感しているからにほかなりません。私たちは気づかないうちに、自然を通じてその力を肌身で感じているのです。

何も大自然に触れなければわからないということはありません。

たとえば、道端に咲く名もない雑草。空を赤く染める夕焼け。夜空を照らす満月や星々。

こうした当たり前のように存在する自然も、心を研ぎすませば、美しさや輝きが見えてきます。人間を超える大きな力が感じられます。

素晴らしさを認め、その美しさを賛美する。それが、自然を超える大きな力とつながることであり、神様に祈るということなのです。

自然の素晴らしさを感じると、歓びが湧き上がります。歓びが湧き上がって、幸せを感じます。

これは、自然が生きる力を分け与えてくれているということです。大きな力に支えてもらっているということです。そのことに感謝するのです。

自然を賛美し、感謝する。それが自分を超える大きな力とつながる、あまねく人々に与えられた方法なのです。

神様が見えなくても、
自然の美しさはわかる。
道端の花、帰り道の夕焼けの美しさに
気づく心を持とう。

# 命の危機で「生かされていること」を知る

自分を超える大きな力を、否応なしに実感するときがあります。

それは、自分の命が危機に直面したときです。

たとえば、ある人は、ふだん
「神様なんて信じない。死んでしまえば人間もモノと同じ。くずかごに入れてもらってかまわない」

と言い続けていました。

ところが、医者からいざ「あなたはがんに侵《おか》されています。一カ月しか生きられません」と宣告されると、

「神様！ 助けて下さい！」

と必死になって祈り始めたと言います。

このように、人は危機的状況になると、とっさに神様にすがります。命をつなぎとめてほしいと懇願します。

好む好まないにかかわらず、人間は命の危機を経験して初めて、大きな存在をつくづく感じるのです。

大きな存在の力に、命を救われることで気づく人もいます。

阪神淡路大震災で生き延びたある男性の話です。

彼は兄の婚約パーティーに出席し、疲れて帰るとそのまま寝てしまいます。

なぜか自分の部屋ではなく、二階にある兄の部屋で寝ます。

弟の後に帰宅した兄は、自分の部屋で弟が寝ているので、しかたなく一階の弟の部屋で寝ることにします。

すると明け方に、突然大地震に襲われます。一階で寝ていた兄は亡くなり、二階に寝ていた弟は死を免れます。

しかも、弟は運動で体を鍛えていたため、上から落ちて来たものを全力ではねのけることができました。

ものすごい勢いで、不意に落ちて来たにもかかわらず、命を奪われずに済んだのです。

生き残った男性は、命の危機を体験して考えました。

もしも自分が一階で寝ていたら……。

自分が体を鍛えていなかったら……。

上から落ちて来たものをはねのけられなかったら……。

偶然というには、あまりにも重なり過ぎている。これは自分を超える何か大きな力に助けられたとしか考えられない。

自分は運よく生き延びたのではなく、大きな力によって生かされたのだと、男性は気づくのです。

このような大きな危機を経験するのはまれかもしれません。何事もなく元気に過ごしていれば、命の危機を感じにくいかもしれません。

でも、たとえ大きな危機を経験しなくとも、

「あのとき、万が一こうなっていたらどうなっていたことか」

「これをしたおかげでたいへんな目に遭《あ》わずに済んだかもしれない」

という経験は、誰しも身に覚えがあるはずです。

大難を小難にしてもらった。

それに気づくことも、大きな力を感じて感謝するきっかけになります。

重大な命の危機に直面する前に、生かされている恩恵に気づくことが大事です。

死にそうになれば誰もが、
神様にすがりたくなる。
そうなる前に、
大きな力に
生かされていることに感謝しよう。

宇宙との絆

# ささやかな自然に感動する

世の中はいいことばかりではありません。

大自然はときに厳しい側面を見せることもあります。

するとどうしても、物事に対して構える気持ちが生まれます。

悪い面だけに気持ちが向いて、「次はどうしよう」「これをどう乗り越えればいいか」などと考えるようになります。

このように考えてばかりいると、ズルズル悪い面に引きずり込まれます。

自然に対する感謝も失われます。

私たちを生かす大きな力との絆も、しだいに薄れてしまいます。

そうならないためには、「たとえ何が起きようと、この宇宙は私たちの味方だ」

と心に叩き込んでおくことが大事です。

厳しいことも、よくないと感じることも、受けとめ方によっては大切なことを示す恩恵になります。「宇宙は私の味方」と信じ切れば、悪い面に振り回されない自分になっていきます。

そのためには、ふだんから何気ないことに、感謝と賛美を捧げる習慣を身につけておくといいでしょう。

たとえば、天気のよい日に外《おもて》に出たら、「いい天気だなあ」と心地よく感じるだけでなく、木々の葉がどのくらい色づいたか、雲の様子が昨日とどのくらい違うかなど、ていねいに観察してみます。

「大空は神のみわざを示す」「大地は神のみわざを讃える」という聖書の言葉がありますが、空を見ると、人間にはとてもできない風景を目にすることがあります。

こういうものに対して心から感動する。自然を賛美する習慣をつければ、感謝が生まれ、大きな力との絆がおのずと育まれていくと思います。

イライラしたり落ち込むような日は、花屋さんに寄り道して、色鮮やかに咲き誇る花々をじっくり観察するといいでしょう。

並木道を眺め歩き、樹皮の様子を見たり、太い幹の中をどう樹液が通っているのかなど、イメージしてみるのもいいでしょう。

太い幹の中では、大地から吸い上げられた樹液が通り、樹液は一枚一枚の葉っぱにまで及んでいる。どの葉っぱも、一つの木につながっていて、それぞれが木によって生かされている。

木々の葉もまた、「おかげさま」で生かされている。

そんなことを考えてみる習慣をつければ、自然に対する畏敬《いけい》、人間を超えるものに対する畏敬の念が、豊かに育まれていくはずです。

天気のいい日は空を見上げる。
たまには花を買ってみる。
小さなことから、
自然との絆が育つ。

誰かのために

# 本当の祈りを覚える

自然を賛美する。当たり前のことに感謝する。

それは「祈りを捧げる」ということでもあります。

自分を超える大きな力との絆を育てるとは、言い換えるなら、祈りを覚えるということでもあるのです。

多くの人は、祈るということを
「助けて下さい」

「願いをかなえて下さい」

「思い通りに物事を計らって下さい」

と神頼みすることだと考えています。

でも、それは祈りの小さな部分です。
祈りとは、命の大本である存在を讃《たた》え、感謝すること。それは神様の愛を受けとめ、みずから愛を返すということなのです。

与えられる愛は、人間を通してやって来ます。
そのため、必ずしもわかりやすいかたちではないかもしれません。
自分の期待通りではないかもしれません。

人間は見える世界に気を奪われます。
自分に都合のよいかたちでなければ、不平不満を感じます。
悲しみや苦しみも感じます。
このような心のままでは祈ることはできません。
祈るためには、見える世界から心を離し、見えない世界に深く心を沈める訓練が必要なのです。

祈りを覚えれば、他人のために生きられるようになります。他人との関係をよくしていくことができます。

どのような状況にあろうと、他人の歓びをわが歓びに変え、感謝を捧げるようになります。それが本当の祈り、究極の祈りです。

深い祈りを見せて下さったひとりに、上智大学の名誉教授だった渡部《わたなべ》昇一《しょういち》先生がいます。

日本に知的な刺激を与え続けた方です。

がんに侵された先生は、治療にモルヒネを使うことを最後まで拒みました。

モルヒネを使うと頭が朦朧《もうろう》としてしまい、自分の頭で考えることができない。

それは受け入れられない。

苦しんでもいいから、はっきりと自分の人格を保っていたい。

日本をよくするために考え続けたいと、先生はおっしゃったのです。

しかも、想像を絶する苦しみの中、先生は「ありがとう」と言います。

「ありがとう」と言いながら、苦しみを乗り越えようとします。

亡くなられる直前の、先生の言葉です。


「この年になって、この苦しみを味わって、やっとわかったことがひとつある。

人間はこの深い命によってみなつながっている。

だから、自分がこの苦しみを捧げれば、どこか知らないところで、誰も支えてくれる人のいない人が、楽になれるかもしれない。

母親が子供のために何かするように、私も自分のこの苦しみを、本当につらい思いをしている人のために捧げたい。

誰にも助けてもらえないもっとも惨めな人のために捧げたい。

自分のことも、きっとどこかで誰かが祈ってくれていたに違いない。
だから自分は今日まで命を保つことができたのだ」

死に際してなお、誰かの命を思う。
祈りとは他に深い愛を捧げることだと、先生の言葉は教えているのです。

これほどの祈りができなくても、いいのです。
祈りを知らなくても、生き物や花などを大切にするだけでもいいのです。
自分の部屋に花を一輪、置いてみましょう。
しばし不満を忘れて、
「きれいに咲いたね」
とやさしく声をかけましょう。
自分以外の他を思うことから、祈りは始まります。

神様にお願いすることだけが
祈りではない。
日々に感謝する、
本当の祈りを覚えよう。

生きる意味

# 深い悲しみが与えてくれるもの

大切な人を失う。

それはとても悲しく、つらいことです。

でも、それは見えない世界を、自分を超える大きな力を、身近に感じるときでもあります。

あるエリート男性の話です。

彼は典型的なドゥーイングの世界の人でした。プライドが高く、自分は選ばれた特別な人間だと信じて生きていました。

ところがある夏、彼の息子さんがヨットで転覆事故に遭います。

捜索活動が行われる中、彼は絶望的な気持ちで息子さんを捜します。すると、いっしょに探してくれていたある人がこう言います。

「私はこれから毎日教会に行きます。あなたの息子さんのために祈ります」

残念ながら息子さんの命は助かりませんでした。

でも、これ以後、彼は毎日教会に通うようになります。「息子が事故に遭ってから、私はいつもそばに神様を感じる」と言います。

これまでの尊大な姿勢がなくなり、謙虚な人に生まれ変わります。

ともに祈ってくれた人の存在が、大いなる力へと導き、彼の人となりをがらりと変えたのです。


神様は一人ひとりに命を与えながら、その人が与えられた使命を果たし終えたとき、ご自分のもとに戻される。

聖書にはそのように書かれています。

でも、人間にはなかなか理解できません。容易に死を受け入れることはできません。

大切な人の死に耐えがたい苦悩を味わうのは当然です。

ただ、時間をおいて振り返ると、必ずその意味が見出だせます。

何年もかかるかもしれませんが、あの苦しみがあったからこそ今の自分がいると、感謝で振り返れる日が訪れます。

ユダヤ人医師ヴィクトール・フランクルは、「それでも人生にイエスと言う」と言いました。

強制収容所で地獄のような日々を強いられながら、それでも生きる意味があると自分に言い続けました。

私たちも、フランクルのように言い続けるのです。

この苦しみには意味がある。すると必ず、フランクルと同じように、そこに深い意味を見出だせます。

息子の不登校を相談しに来たある女性は、何年かあとにふたたびやって来て、こう言いました。

「息子が不登校のときは本当につらかった。

でも、息子が不登校にならなければ、私は人の気持ちのわからない人間になっていた。

息子が私の意に反した行動をとらなければ、私はものすごく身勝手な人間になっていた。

息子の親孝行に心から感謝したい」

苦しい思いをさせてもらったおかげで、困らせてもらったおかげで、自分は少し思いやりのある人間になることができた。

少しやさしい人間になることができた。

このようなかたちで、つらい経験が幸せをもたらすことも少なくはありません。深い苦悩と悲しみに意味を見出だすとき、人は自分を超える大きな力との絆を実感できるのです。

苦しみのさなかでは、
その苦しみの意味はわからない。
時間をおけば、
その意味を見出せるときがくる。

人に優しく

# 「死にたい人」はひとりもいない

自殺したいと考える人がいます。

死んで楽になりたいという人もいます。

日本は先進国の中でも自殺者が多いといわれます。周囲にそう考える人がいても、めずらしいことではないのかもしれません。

でも、人間誰しも死にたいなどと思いません。

「自殺したい」という人たちも、本当は死にたくなんかありません。

「死にたい」と訴える人は、

「やさしくして下さい」

「話を聞いて下さい」

「理解して下さい」
「大事にして下さい」
とメッセージを出しているのです。

自殺したいと思う人は、ストレスがいっぱいです。エネルギーが枯渇し、自分で自分を大事にできなくなっています。Chapter1で述べた「自分との絆」が断たれているために、自分の力でエネルギーを作れなくなっているのです。

こうなると、人は誰かからエネルギーをもらおうとします。エネルギーをもらってなんとか生き延びようとします。

それが「自殺したい」というメッセージになって出てくるのです。

人は人間の生命に対してたいへん敏感です。生死にかかわることが目の前で起きれば、どんなことも放り出して、そちらを優先します。

死をほのめかせば、まわりがすぐさま反応してくれる。そのことを本能的にわかっているから、わらをもつかむ気持ちで「死にたい」と言うのです。

誰かから「自殺したい」と言われたら、ここを正しく理解しておくことが大事です。

自殺したい人は、あたたかく話を聞いてもらいたい人。

これを踏まえて、Chapter2で述べた「他人との絆」を深めるやり方で相手と向き合う必要があります。

批判するのでも、突き放すのでもない。相手がエネルギーを高めるよう聞き役になる。

お助けマンになろうとして、自分も泥沼にならないよう注意することも必要です。

自殺したい人にすべき一番は、ほめたり援助したりすることではなく、「そういう気持ちなのですね」と耳を傾けることなのです。

親身に聞いてもらえさえすれば、人は必ず立ち直ります。

いじめにあっても、借金に追われても、底力を発揮して困難を乗り越えます。

火事場の馬鹿力と言いますが、人間は本来、潜在的にすごい能力を備えているのです。

その人間の能力は、自分を超える大きな力から分け与えられたものです。大きな力との絆を深めておけば、その能力をより高められます。発揮しやすくもなります。

尊い命を手放してしまう、それほどの不幸にからめとられないためにも、自分を超える大きな力との絆を、しっかりと育てるようにしたいものです。

「死にたい」という人は、
やさしくされたい人。
「死にたい」という人がいたら、
その人の話に耳を傾けよう。

感じる世界

# 命はこの世では終わらない

目に見える世界と、見えない世界は、つながっています。

触れることも話すこともできませんが、見えない世界は見える世界以上に、私たち人間に力を与えています。

たとえば、空気について考えるとよくわかります。

空気は目で見ることも、手で触ることもできません。しかし確実に存在して、私たちを生かしています。見えない世界は、この空気といっしょなのです。

見えない世界は、感じる世界でもあります。

人の心を感じる。

人間を超える大きな存在を感じる。

あるいは亡くなった人の心を感じる。

感じる世界では、死んでしまった人とも深くつながることができます。感じる世界を理解すれば、命はこの世で終わるものではないとわかります。

幽霊のような目に見えるものは、人間の作り出す妄想である場合がしばしばです。本当にそれが存在するかどうかは、決して定かではありません。

ただ、そういうものが見えるというのであれば、それがその人にとっての真実になります。多くの人に見えないからといって、その人がウソを言っているということにはなりません。

本人にとって真実であるとすれば、否定するのではなく、ありのまま受けとめることが大事です。

人間にはさまざまな能力が与えられています。人には見えないものを見る力のある人も、もしかしたらいるのかもしれません。

私のもとに訪れる人の中にも、「幽霊が見えます」と言う人がいます。「たまたま電車の中などで見かけた人の死期がわかってしまう」と言う人もいます。

しかし大事なのは、「見える」「わかる」ということではありません。それを知って、どう受けとめるかということです。

幽霊が見えたのなら、あるいは誰かの死期がわかってしまったのなら、否定したり怯えたりするのではなく、その人のために、安らかな死となるよう祈りを捧げる。

家族が悲しまないようにと、祈れる人になることが大切です。

目に見えない世界を感じることは、不安や恐れを抱くためではなく、見える世界をよりよく生きるためのものなのです。

目に見えない世界は、
感じる世界。
死んでしまった人の存在も、
感じることはできる。

命を輝かせる

## ミッションを生かす生き方をする

大切な人を失うと、人はしばしば自分を責めます。

「自分は何もしてあげられなかった」

「自分は無力だ」

「自分のせいでその人は死んでしまったのではないか」

そう思い煩います。

家族など身近な人が自殺した場合、自責の念はより強まります。

二三歳の息子さんを自殺で亡くしたある男性は、自分を激しく責めました。

自分はなぜ息子が命を絶ったのかわからない。

それほど悩んでいることに気づいてもやれなかった。

こんな自分が親だったせいで息子は死んだのかもしれないと、男性は涙ながらに自分を強く責め苛みます。

でも、決して自分を責めるべきではありません。

わが子が自殺すれば、親が責任を感じるのは当たり前かもしれません。

自殺に関して、親の影響がまったくないとも言えないかもしれません。

しかし、前にも述べたように、死んだ人は最後まで「自殺したい」などと思ってはいません。

ただ楽になりたい。

命を楽にさせたいと考えた結果が、死というかたちになってしまっただけです。

だから、誰を責める必要も毛頭ないのです。

もちろん、自殺はよくありません。

尊い命をみずから絶つことは、本来許されることではありません。

でも、本人を責めても意味はありません。

人生が終わってしまったことを悼む以外、周囲にできることはないのです。

ただ、それほどまでに苦しみ続けられたことは、その人に与えられた特別な能力であったかもしれません。

若くして苦しみ抜き、自死を選ばざるを得なかったこと。そのすべてがみずからのミッションを果たした結果であると考えられなくもありません。

人はミッションを果たすと天に召されるといいます。

天に召されると、自分の愛する人につねに愛を送り、力を与え、よき道へと導こうとするといわれます。

自殺してしまった人もまた、見えない世界から家族を見守っています。変わらぬ愛を送り続けています。

残された者がその愛に報いるには、嘆き悲しむより、前を向いてみずからが命を輝かせる生き方をすることが大事です。

みずからに与えられたミッションは何か。

たとえささやかにしか見えないにしろ、自分が感じ取るミッションを生かす生き方を考えるのです。

それがわかるとき、私たちは人間を超える大きな力とつながり、天国へ旅立った人との深い絆を実感できるのだと思います。

大切な人を亡くしても、
自分を責める必要はない。
生きている限り、
ミッションを生かす生き方をしよう。

エピローグ

# 満たされていることに気づく

私たちは、日常で、物事が思う通りにいかないと、
「こんなことがなければよかったのに」
「こうであればいいのに」
と、現実から離れた妄想にとらわれて、苦しみを作り出していきます。この妄想こそあらゆる苦しみの原因となります。

ではどうしたらいいでしょうか。

視点を変えて、ふだんは感じ取れない「目に見えない真実の世界」に、心を向けてみることです。

宇宙の中のあらゆるものは、神の命の現われであり、神の無条件の愛のあふれです。

すべてがひとつにつながっています。全人類は人間の命というひとつの命で生かされています。

命がある限り、私たちに必要なものはすべて与えられています。満たされた世界に生かされています。私たちは、すべて満たされているのです。

感じることができなくても、これこそ深い真実です。

妄想が湧いてきたら、聖なるあきらめを持って、「求めることを止め」「比べず」「期待しない」を、実践してみることです。

そして自分のあるがままの現実を受け入れ、自分らしく、本当の自分を正直に生きていきます。

自分なりに一生懸命に充実して、生きるように努めます。心に深い歓びと感謝を持ち、その幸せ感が自然と周りに広がっていくような、時間を過ごすようにします。

するといつの間にか、あなたが〈幸せ発信地〉になっています。

こんな幸せをお祈りしています。

聖心会シスター　鈴木秀子

# 自分を大切に生きるための「心の土台」の作り方

## 1 自分との絆を育てる

□日々「生かされている」ことを忘れない
□自分の欠点にも魅力があると気づく
□落ち込んだら深呼吸をして体を動かす

## 2 他人との絆を育てる

□それぞれみな違う役割がある。
違う人を羨ましがったり、恐れなくていい
□相手の話に耳を傾ける
□家族のような身近なところから愛を始める

## 3「自分を超える大きな力」との絆を育てる

□ささやかな自然に感動する
□人の歓びを自分の歓びとして感謝する
□悲しみにも意味があったと気づくときがいつかくる

本書は、『世界でたったひとりの自分を大切にする』（文響社刊／二〇一八年一〇月）を文庫化したものです。文庫化にあたり加筆・修正を致しました。

本文デザイン：長坂勇司
本文イラスト：砂糖ゆき
構成：藤原千尋
校正：あかえんぴつ
企画・編集：矢島祥子（矢島ブックオフィス）

鈴木秀子（すずき・ひでこ）
1932年生まれ。聖心会シスター。東京大学大学院人文科学研究科博士課程修了。文学博士。フランス、イタリアに留学。ハワイ大学、スタンフォード大学で教鞭をとる。聖心女子大学教授を経て聖心女子大学キリスト教文化研究所研究員・聖心会会員。国際コミュニオン学会の提唱者として、文学療法、エニアグラム、アクティブ・リスニングなどの指導にあたる。「心の対話者」の育成、国内および海外で「人生の意味」を共に考える講演会、ワークショップなどを行っている。
主な著書にベストセラー『9つの性格　エニアグラムで見つかる「本当の自分」と最良の人間関係』（PHP研究所）、『心の対話者』（文春新書）、『あなたは、あなたのままでいてください。』（アスコム）、『今、目の前のことに心を込めなさい』（だいわ文庫）他多数。

だいわ文庫

# 世界《せかい》でたったひとりの自分《じぶん》を大切《たいせつ》にする

著者　鈴木秀子《すずきひでこ》

二〇二三年一〇月一五日第一刷発行

発行者　佐藤 靖
発行所　大和書房《だいわしょぼう》
東京都文京区関口一-三三-四　〒一一二-〇〇一四
電話 〇三-三二〇三-四五一一
フォーマットデザイン　鈴木成一デザイン室
本文印刷　光邦
カバー印刷　山一印刷
製本　小泉製本
ISBN978-4-479-32070-8
乱丁本・落丁本はお取り替えいたします。
https://www.daiwashobo.co.jp